Édition révisée

Affirmations du matin
Gloire du matin
*Connaissez votre Moi intérieur,
commencez à changer votre histoire.*

Dr Nathalie Turgeon Ph.D.
Praticienne en Métaphysique

Tous droits réservés. Ce livre ne peut être reproduit en tout ou en partie, stocké dans un système de recherche, ou transmis sous quelque forme ou par quelques moyens que ce soit électroniquement, mécaniquement ou autre sans l'autorisation écrite de l'auteur, sauf pour citations de brefs passages avec source d'informations dans un examen ou revue de littérature.

Couverture et design intérieur : Nathalie Turgeon
Photo : Nathalie Turgeon
Édition révisée : août 2023 Québec, Canada
ISBN Bibliothèque et Archive Canada : 978-1-7380358-0-9

*Une affirmation peut être comme la belle fleur
Gloire du Matin, qui s'ouvre à son plein potentiel
en s'énergisant avec chaque lever du soleil.
Prenez le temps de vous connecter
à votre Vrai Moi,
à votre Moi intérieur.*

Ça n'est pas toujours facile de contrôler son espace mental.

Mais quand on sait faire la différence entre ce qui vient de son égo et ce qui vient de son âme, son Moi intérieur ou Moi Supérieur, on peut plus rapidement reprendre le contrôle de nos pensées et de notre mieux-être.

- Avez-vous un trop-plein mental ?
- Voyez-vous majoritairement le scénario négatif avant la possibilité positive ?
- Avez-vous tendance à imaginer ce scénario négatif dans ses moindres détails ?
- Avez-vous un désir, sinon un besoin de croire en vous un peu plus ?
- Est-ce que vos croyances négatives sur vous-même prennent parfois ou souvent trop d'espace mental ?
- Saviez-vous que votre Moi intérieur est pure positivité, et que votre égo est peut-être dans le chemin, ou un peu trop en contrôle, alors qu'il devrait être votre allié à sa place sur le siège du passager ?

Sans approfondir les détails et explications plus métaphysiques sur ce qu'est l'égo, avoir une perception différente sur ses pensées aide à s'ouvrir à plus. Et ce plus s'ouvre de différentes façons et à différents moments pour chacun d'entre nous.

J'ai créé ce programme pour vous aider à mieux comprendre votre espace mental de façon très simplifiée. C'est un peu comme la base d'un cheminement de pleine conscience. **Chaque jour, vous êtes amené à prendre conscience de ce que vous nourrissez automatiquement.** Un jour à la fois vous êtes invité à mieux vous connaître à travers votre espace mental. Petit à petit, vous êtes amené à comprendre et accepter que « vous pouvez » choisir vos pensées, celles que vous nourrissez parce que vous saurez quelles pensées ne vous permettent pas d'être en harmonie avec votre Moi intérieur donc de créer votre vie selon vos désirs profonds.

Pendant 31 jours, je vous invite à devenir l'observateur de votre espace mental.

Personnellement, pour mon équilibre et ma santé mentale, j'ai eu à apprendre à contrôler mon espace mental et j'ai rapidement compris que mon égo est toujours en mode survie et me met dans un état de survie constant, donc, c'était à moi à prendre le contrôle de mes pensées et celles que je nourrissais, mais aussi d'apprendre à écouter le message qu'une pensée négative apporte. Plus je comprenais mon égo, plus je comprenais que chaque pensée négative cache une peur me gardant dans un égo-confort.

Ce livre ne parle pas de ces messages, mais je vous encourage fortement à prendre le temps... de prendre le temps de les écouter pour les supprimer, parce qu'**on ne surmonte pas ses peurs, on les supprime**. Elles ne sont pas réelles, elles sont le fruit de l'égo en action pour rester dans un égo-confort.

Un égo-confort peut facilement devenir une prison dorée.

C'est en comprenant ce qui vient de mon égo et ce qui vient de mon âme, mon Moi intérieur que j'ai repris le contrôle de mon espace mental, mais aussi que j'ai repris confiance en moi pour suivre mes rêves en sachant que je pouvais et peux les réaliser.

Ce qui m'a le plus aidé a été de voir clairement les pensées provenant de l'égo.

Je vous encourage fortement à faire ces 31 jours de pleine conscience en suivant les 31 affirmations, une affirmation par jour, pour doucement, sans déclencher le contrôle de votre égo, mieux vous connecter avec votre magnifique et puissant Moi intérieur, ou encore mieux vous reconnecter à un nouveau niveau de pleine conscience. Le mieux-être est un processus de toute une vie.

On part toujours du point A qui est *aujourd'hui*, votre moment présent. C'est simple et ça ne prend que quelques minutes par jour. Je vous amène de *votre* point A à *votre* point B un jour à la fois.

Bon cheminement de pleine conscience !

Dr Nathalie Turgeon Ph.D. *Praticienne en métaphysique*

Pourquoi 31 jours d'affirmations de pleine conscience ?

Chaque jour, tout ce que nous faisons, tout ce à quoi nous pensons et avec lequel nous passons du temps est ce qui sert à créer notre demain. **Nous créons notre demain à partir de nos croyances du moment présent**. Une vieille croyance que nous pensons aujourd'hui, sans la changer, devient aussi une croyance du moment présent. Lorsque nous pensons qu'il serait bon de faire quelque chose, nous générons des conséquences désirées et moins désirées. Lorsque nous pensons qu'il serait bon de ne pas faire quelque chose pour *xyz* raisons, nous générons des conséquences, bonnes et moins bonnes répondant à ce que nous croyons.

Nos croyances façonnent notre vie et notre demain.

Nos croyances façonnent également qui nous sommes et ce que nous faisons.

Nos croyances sont très souvent fausses et obsolètes, mais nous continuons à les nourrir, nous les maintenons actives comme si notre vie en dépendait.

Devinez quoi ? Elle en dépend. Cette partie est correcte. D'où la raison de changer les croyances qui ne correspondent pas à ce que nous voulons vivre demain.

Et si je vous disais que chaque fois que vous vous sentez négatif à propos de vous-même, de votre situation ou de votre vie, il y a une sorte de contrepartie positive. Aimeriez-vous voir et expérimenter cette contrepartie positive ? Et si je vous disais que le « vous », l'égo-vous que vous appelez « moi » qui peut être très négatif et manque parfois de confiance et d'amour, a aussi une contrepartie positive. Aimeriez-vous rencontrer cette personne positive remplie de pouvoir de création ?

Eh bien, je vous invite à rencontrer votre Moi intérieur totalement positif et confiant, un jour à la fois. En fait, il vous faudra toute une vie pour rencontrer pleinement votre Moi intérieur et commencer à croire et à faire confiance sans égo-conditions à cette partie de vous qui est votre Moi authentique, mais tout ce qu'il vous faut, c'est de faire le premier pas et de commencer à voir qui est ce Moi intérieur.

L'égo-moi, vocabulaire pour bien comprendre la différence ici, utilisera très souvent les croyances négatives pour vous empêcher de sortir de la boîte de confort ou de votre zone de sécurité provenant de votre égo où l'égo vous dirige. L'égo prend le contrôle de l'espace mental facilement pour que vous restiez dans une zone d'égo-confort, et oui, vous permettez à votre égo de vous diriger sans toujours en avoir conscience. Quand l'égo est en contrôle, vous pourriez sentir que ce que vous désirez est impossible et hors de votre portée à cause et à partir de vos croyances.

Souvent, ces croyances limitantes sont négatives, ou ce sont des croyances que nous avons adoptées soit de notre éducation, de notre entourage ou d'une expérience que nous avons eue. Lorsque nous expérimentons quelque chose, nous établissons des croyances en rapport avec ce que nous vivons au moment que nous le vivons. Ces croyances refont surface dans notre espace mental lorsque nous expérimentons de nouveau la même chose ou quelque chose de très semblable.

Nos croyances façonnent notre vie et notre demain.
Nos croyances façonnent également qui nous sommes et ce que nous faisons.
Nos croyances sont très souvent fausses et obsolètes, mais nous continuons à les nourrir, nous les maintenons actives.

Nos croyances sont enregistrées dans notre base de données personnelle, notre subconscient, et lorsque nous faisons face à quelque chose, en fait à tout ce qui est, notre esprit conscient prend ses informations dans notre base de données pour savoir quoi penser et comment réagir, c'est donc à nous de les changer ces croyances, ou d'activer celles que nous préférons et aimerions avoir pour mieux créer notre avenir.

En quelques mots, notre Moi Intérieur est pure positivité. Tout ce qui est négatif vient de notre égo, et tout ce qui est positif, mais conditionnellement positif vient également de notre égo.

Notre Âme, notre Moi intérieur ou notre Moi divin, comme vous préférez l'appeler, est pure positivité et infiniment puissant de par sa source.

Je vous invite à prendre le temps... de prendre le temps chaque jour pendant les 31 prochains jours de rencontrer votre Moi Intérieur, de changer également vos pensées et de commencer à changer votre histoire. Vous faites ceci pour personne d'autre que pour vous-même, pour votre bien-être.

Une affirmation ressentie donne un résultat plus positif.

Avez-vous déjà remarqué à quel point certaines affirmations semblent vous faire vous sentir mieux et plus puissant ? C'est parce que vous les avez ressenties. Elles n'étaient pas seulement des affirmations aléatoires que vous répétiez pour plaire à votre égo. Et souvent, c'étaient aussi des affirmations qui vous rappelaient votre Moi authentique, votre Moi intérieur. Je dois cependant mentionner ici que trop souvent les affirmations ne font que plaire à l'égo. Au fil des 31 jours, vous serez amené à mieux voir ce qui vient de votre égo donc à mieux écrire vos propres affirmations et aussi à adhérer à celles qui vont vous aider à vous sentir plus en harmonie avec vous-même.

Une des premières étapes pour vivre en harmonie avec soi-même est d'apprendre ce qui est faux et ce qui est vrai, donc ce qui vient de l'égo et ce qui vient du Moi intérieur ou de l'Âme. Dire que tout ce qui vient de l'égo est faux fait ici un peu référence au concept que l'égo occupe l'espace mental pour sa propre survie et ses propres buts, et aucunement pour le bien-être de votre Moi Supérieur. L'espace mental ne peut que servir un à la fois, soit l'égo pour son propre bien-être qui est temporaire et conditionnel, ou le Moi Supérieur pour votre propre bien-être et le bien-être de tous.

Une affirmation, c'est quelque chose que l'on affirme, que l'on déclare, qu'on l'on pense ou dit en percevant ce que l'on pense comme étant « la » vérité. **C'est quelque chose que l'on croit ou que « l'on pense » que l'on croit.** Ça peut être quelque chose que l'on veut croire éventuellement d'où la raison des affirmations répétitives comme pratique de bien-être. Et, il est fort possible de penser que c'est « la seule » vérité, et que tout le monde doit ou devrait penser et dire la même chose, et avoir la même perception, incluant soi-même quand on adhère à l'affirmation de quelqu'un d'autre.

Une affirmation peut être autant négative que positive puisque c'est tout simplement affirmer quelque chose que l'on croit.

Une affirmation négative est une phrase affirmative et négative. On affirme clairement une négativité. C'est un jugement négatif et clair que l'on a sur autrui ou de soi-même. C'est un jugement négatif que l'on choisit de croire.

Une affirmation peut être positive et conditionnelle à quelque chose. Ça en fait tout de même une affirmation, même si elle est égo-conditionnelle. C'est quelque chose qu'on affirme et(ou) que l'on croit et qui fait plaisir à l'égo pour les raisons *xyz*. On peut même se construire toute une vie à partir d'affirmations positives, mais égo-conditionnelles.

Lorsque l'on affirme quelque chose, on fait une déclaration d'une croyance profonde que nous avons, ou encore, on déclare ce qu'on nous a enseigné comme étant une croyance à intégrer peu importe la raison pour laquelle on a fini par y croire. **Une affirmation que l'on répète et exprime dans notre moment présent est une croyance que l'on a « choisi » de croire dans notre moment présent.** La beauté est que toutes les croyances peuvent être changées, sans exception. Une croyance n'est rien d'autre qu'une croyance.

Lorsque nous affirmons quelque chose, on le fait soit en étant pleinement conscient ou machinalement sans prendre conscience ni connaître la portée du vocabulaire utilisé.

Lorsqu'une personne déclare ou affirme quelque chose qu'elle croit, elle aura tendance à commencer sa phrase par le mot « je » comme : « je crois que », « je pense que », « je peux », « je ne peux pas », « je suis », « je ne suis pas », « je préfère », « j'aime », « je n'aime pas ». Le « je » peut aussi être : tu, il, elle, nous, vous, ils, elles.

Ce qui suit est tout simplement une déclaration selon un jugement personnel. Ces jugements peuvent être ancrés tellement profondément qu'on ne se souvient même pas de son origine ni de la raison d'avoir décidé de croire à cette croyance que l'on affirme.

On peut aussi avoir entendu tellement souvent une phrase qu'on ne se rend même pas compte de l'effet néfaste qu'elle peut avoir dans notre atmosphère psychique, c'est-à-dire l'atmosphère qui nous entoure et qui est interconnectée.

Pourquoi néfaste ? Parce que ce qui suit le mot « je » ou « j' » vient déterminer ce que la personne est en train de créer, c'est-à-dire sa réalité.

Une personne affirmant « je pense que la vie est belle » ou une personne affirmant « je pense que la vie c'est de la merde » est en train de créer ce qui suit dans sa réalité et son égo-vision. Non seulement l'égo ne peut pas être en désaccord avec lui-même, mais les mots viennent avec des émotions et des fréquences énergétiques spécifiques.

Une personne qui affirme « je suis capable de… » et une personne qui affirme « je ne suis pas capable de… » n'auront pas le même résultat ni le même parcours avant d'atteindre ce résultat. Elles n'auront pas les mêmes défis ou obstacles à surmonter. Chaque espace mental sera occupé par des pensées justifiant ce qui est affirmé. Ces pensées vont influencer des actions et des inactions. Une affirmation est composée de mots, et ces mots viennent avec des perceptions ou définitions personnelles, des associations et des émotions.

> Une affirmation peut être autant négative que positive puisque c'est tout simplement affirmer quelque chose que l'on croit.

Ce que nous verrons ici pendant les prochains 31 jours, ce sont de simples affirmations vous permettant de devenir l'observateur de votre espace mental et des croyances que vous nourrissez.

Prenez le temps d'être conscient de votre respiration et de votre énergie quand vous commencez une journée. Prenez le temps d'inspirer profondément et d'expirer avec un sourire avant de commencer à dire et à répéter l'affirmation du jour. Prenez le temps de définir votre intention qui est de simplement vous sentir mieux.

Prenez le temps de ressentir ce que vous dites, ou prenez le temps de répéter jusqu'à ce que vous sentiez ce qu'elle exprime.

Prendre le temps... de prendre le temps est la clé.

Peu importe si vous passez deux minutes ou quinze minutes, et si vous écoutez une musique de méditation en même temps ou non, en autant que vous preniez le temps de ressentir son pouvoir, le pouvoir de vous connecter à votre grand et divin potentiel.

Chaque jour, vous trouverez une nouvelle affirmation et quelques questions aidant votre cheminement de pleine conscience, et vous aidant à mieux reprogrammer votre base de données personnelle, votre subconscient.

Profitez bien de votre cheminement de pleine conscience !

*Rien n'est compliqué, tout est simple,
pourtant la simplicité
est compliquée pour l'égo.*

Jour 1

Maintenant, prenez le temps de lire et de la répéter jusqu'à ce que vous vous sentiez bien et en accord. Vous faites ceci pour personne d'autre que vous-même, alors prenez le temps et appréciez de croire en votre magnifique pouvoir intérieur.

Quelle a été ma première réaction, mes premières pensées provenant de mon égo quand je l'ai lu ? (Soyez conscient de votre cheminement.)

Comment vais-je me rappeler aujourd'hui d'arrêter de nourrir les pensées négatives ? (Soyez conscient et faites confiance.)

Puis-je m'engager à être fier/fière de moi peu importe le résultat, simplement parce que je suis conscient(e) de mon propre cheminement et du beau Moi que je suis déjà ? (Permettez à votre Moi intérieur de briller.)

Je vous invite à revenir à l'affirmation à la fin de votre journée. Qu'avez-vous observé concernant l'affirmation d'aujourd'hui ?

Jour 2

Maintenant, prenez le temps de lire et de la répéter jusqu'à ce que vous vous sentiez bien et en accord. Vous faites ceci pour personne d'autre que vous-même, alors prenez le temps et appréciez de croire en votre magnifique pouvoir intérieur.

Quelle a été ma première réaction, mes premières pensées provenant de mon égo quand je l'ai lu ? (Soyez conscient de votre cheminement.)

Comment vais-je me rappeler aujourd'hui de me sentir bien avant d'agir ou de dire quelque chose ? (Soyez conscient et faites confiance.)

Puis-je m'engager à être fier/fière de moi peu importe le résultat, simplement parce que je suis conscient(e) de mon propre cheminement et du beau Moi que je suis déjà ? (Permettez à votre Moi intérieur de briller.)

Je vous invite à revenir à l'affirmation à la fin de votre journée. Qu'avez-vous observé concernant l'affirmation d'aujourd'hui ?

Jour 3

Maintenant, prenez le temps de lire et de la répéter jusqu'à ce que vous vous sentiez bien et en accord. Vous faites ceci pour personne d'autre que vous-même, alors prenez le temps et appréciez de croire en votre magnifique pouvoir intérieur.

Quelle a été ma première réaction, mes premières pensées provenant de mon égo quand je l'ai lu ? (Soyez conscient de votre cheminement.)

Comment vais-je me rappeler aujourd'hui... de me souvenir que c'est mon égo qui n'est pas calme ? (Soyez conscient et faites confiance.)

Puis-je m'engager à être fier/fière de moi peu importe le résultat, simplement parce que je suis conscient(e) de mon propre cheminement et du beau Moi que je suis déjà ? (Permettez à votre Moi intérieur de briller.)

Je vous invite à revenir à l'affirmation à la fin de votre journée. Qu'avez-vous observé concernant l'affirmation d'aujourd'hui ?

Jour 4

Maintenant, prenez le temps de lire et de la répéter jusqu'à ce que vous vous sentiez bien et en accord. Vous faites ceci pour personne d'autre que vous-même, alors prenez le temps et appréciez de croire en votre magnifique pouvoir intérieur.

Quelle a été ma première réaction, mes premières pensées provenant de mon égo quand je l'ai lu ? (Soyez conscient de votre cheminement.)

Comment vais-je me rappeler aujourd'hui... que je suis aimable malgré ce que mon égo me fait croire de moi-même ?
(Soyez conscient et faites confiance.)

Puis-je m'engager à être fier/fière de moi peu importe le résultat, simplement parce que je suis conscient(e) de mon propre cheminement et du beau Moi que je suis déjà ? (Permettez à votre Moi intérieur de briller.)

Je vous invite à revenir à l'affirmation à la fin de votre journée. Qu'avez-vous observé concernant l'affirmation d'aujourd'hui ?

Jour 5

> Mon Moi intérieur est toute beauté. C'est mon égo qui me fait croire l'inverse. Je SUIS toute beauté, je le suis.

Maintenant, prenez le temps de lire et de la répéter jusqu'à ce que vous vous sentiez bien et en accord. Vous faites ceci pour personne d'autre que vous-même, alors prenez le temps et appréciez de croire en votre magnifique pouvoir intérieur.

Quelle a été ma première réaction, mes premières pensées provenant de mon égo quand je l'ai lu ? (Soyez conscient de votre cheminement.)

Comment vais-je me rappeler aujourd'hui... que je suis pure beauté, que je suis rempli(e) de beauté, malgré ce que mon égo me fait croire de moi-même ? (Soyez conscient et faites confiance.)

Puis-je m'engager à être fier/fière de moi peu importe le résultat, simplement parce que je suis conscient(e) de mon propre cheminement et du beau Moi que je suis déjà ? (Permettez à votre Moi intérieur de briller.)

Je vous invite à revenir à l'affirmation à la fin de votre journée. Qu'avez-vous observé concernant l'affirmation d'aujourd'hui ?

Jour 6

> Mon Moi intérieur est heureux. C'est mon égo qui me fait croire l'inverse. Je SUIS heureux(se), je le suis.

Maintenant, prenez le temps de lire et de la répéter jusqu'à ce que vous vous sentiez bien et en accord. Vous faites ceci pour personne d'autre que vous-même, alors prenez le temps et appréciez de croire en votre magnifique pouvoir intérieur.

Quelle a été ma première réaction, mes premières pensées provenant de mon égo quand je l'ai lu ? (Soyez conscient de votre cheminement.)

Comment vais-je me rappeler aujourd'hui... que je suis une personne heureuse, et que c'est mon égo qui génère des attentes ? (Soyez conscient et faites confiance.)

Puis-je m'engager à être fier/fière de moi peu importe le résultat, simplement parce que je suis conscient(e) de mon propre cheminement et du beau Moi que je suis déjà ? (Permettez à votre Moi intérieur de briller.)

Je vous invite à revenir à l'affirmation à la fin de votre journée. Qu'avez-vous observé concernant l'affirmation d'aujourd'hui ?

Jour 7

> Mon Moi intérieur est joyeux. C'est mon égo qui me fait croire l'inverse. Je SUIS joyeux(se), je le suis.

Maintenant, prenez le temps de lire et de la répéter jusqu'à ce que vous vous sentiez bien et en accord. Vous faites ceci pour personne d'autre que vous-même, alors prenez le temps et appréciez de croire en votre magnifique pouvoir intérieur.

Quelle a été ma première réaction, mes premières pensées provenant de mon égo quand je l'ai lu ? (Soyez conscient de votre cheminement.)

Comment vais-je me rappeler aujourd'hui... que je suis une personne joyeuse, malgré mes pensées et mes perceptions provenant de mon égo ? (Soyez conscient et faites confiance.)

Puis-je m'engager à être fier/fière de moi peu importe le résultat, simplement parce que je suis conscient(e) de mon propre cheminement et du beau Moi que je suis déjà ? (Permettez à votre Moi intérieur de briller.)

Je vous invite à revenir à l'affirmation à la fin de votre journée. Qu'avez-vous observé concernant l'affirmation d'aujourd'hui ?

Jour 8

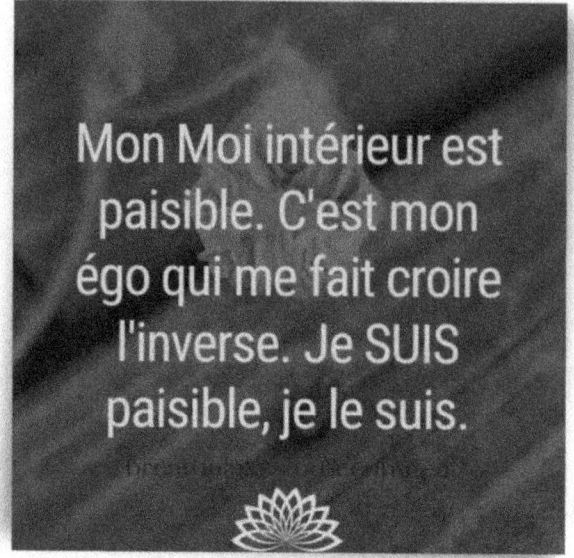

Mon Moi intérieur est paisible. C'est mon égo qui me fait croire l'inverse. Je SUIS paisible, je le suis.

Maintenant, prenez le temps de lire et de la répéter jusqu'à ce que vous vous sentiez bien et en accord. Vous faites ceci pour personne d'autre que vous-même, alors prenez le temps et appréciez de croire en votre magnifique pouvoir intérieur.

Quelle a été ma première réaction, mes premières pensées provenant de mon égo quand je l'ai lu ? (Soyez conscient de votre cheminement.)

Comment vais-je me rappeler aujourd'hui... que je suis une personne pacifique et paisible, malgré ce que déclenche mon égo; ce sont les réactions de mon égo et non mon Vrai Moi ?
(Soyez conscient et faites confiance.)

Puis-je m'engager à être fier/fière de moi peu importe le résultat, simplement parce que je suis conscient(e) de mon propre cheminement et du beau Moi que je suis déjà ? (Permettez à votre Moi intérieur de briller.)

Je vous invite à revenir à l'affirmation à la fin de votre journée. Qu'avez-vous observé concernant l'affirmation d'aujourd'hui ?

Jour 9

> Mon Moi intérieur est sans limites. C'est mon égo qui me fait croire l'inverse. Je SUIS sans limites, je le suis.

Maintenant, prenez le temps de lire et de la répéter jusqu'à ce que vous vous sentiez bien et en accord. Vous faites ceci pour personne d'autre que vous-même, alors prenez le temps et appréciez de croire en votre magnifique pouvoir intérieur.

Quelle a été ma première réaction, mes premières pensées provenant de mon égo quand je l'ai lu ? (Soyez conscient de votre cheminement.)

Comment vais-je me rappeler aujourd'hui... que toutes mes limitations et mes croyances limitées viennent de mon égo qui m'empêche de sortir d' « une » zone de confort, d'égo-confort ? (Soyez conscient et faites confiance.)

Puis-je m'engager à être fier/fière de moi peu importe le résultat, simplement parce que je suis conscient(e) de mon propre cheminement et du beau Moi que je suis déjà ? (Permettez à votre Moi intérieur de briller.)

Je vous invite à revenir à l'affirmation à la fin de votre journée. Qu'avez-vous observé concernant l'affirmation d'aujourd'hui ?

Jour 10

> Mon Moi intérieur est abondant. C'est mon égo qui me fait croire l'inverse. Je SUIS abondant(e), je le suis.

Maintenant, prenez le temps de lire et de la répéter jusqu'à ce que vous vous sentiez bien et en accord. Vous faites ceci pour personne d'autre que vous-même, alors prenez le temps et appréciez de croire en votre magnifique pouvoir intérieur.

Quelle a été ma première réaction, mes premières pensées provenant de mon égo quand je l'ai lu ? (Soyez conscient de votre cheminement.)

Comment vais-je me rappeler aujourd'hui... que je vis dans l'abondance, et que ma perception mentale provenant de mon égo n'est pas celle qui définit ce qu'est l'abondance ni quand elle l'est ?

J'ai tout ce dont j'ai besoin chaque matin, soit déjà matérialisé et manifesté, ou soit l'idée et les moyens d'obtenir ce dont j'aurai besoin. (Soyez conscient et faites confiance.)

Puis-je m'engager à être fier/fière de moi peu importe le résultat, simplement parce que je suis conscient(e) de mon propre cheminement et du beau Moi que je suis déjà ? (Permettez à votre Moi intérieur de briller.)

Je vous invite à revenir à l'affirmation à la fin de votre journée. Qu'avez-vous observé concernant l'affirmation d'aujourd'hui ?

Jour 11

> Mon Moi intérieur est bienveillant. C'est mon égo qui me fait croire l'inverse. Je SUIS bienveillant(e), je le suis.

Maintenant, prenez le temps de lire et de la répéter jusqu'à ce que vous vous sentiez bien et en accord. Vous faites ceci pour personne d'autre que vous-même, alors prenez le temps et appréciez de croire en votre magnifique pouvoir intérieur.

Quelle a été ma première réaction, mes premières pensées provenant de mon égo quand je l'ai lu ? (Soyez conscient de votre cheminement.)

Comment vais-je me rappeler aujourd'hui... que je suis une personne gentille et bienveillante et quand je ne le suis pas, je suis sous l'influence de mon égo ? (Soyez conscient et faites confiance.)

Puis-je m'engager à être fier/fière de moi peu importe le résultat, simplement parce que je suis conscient(e) de mon propre cheminement et du beau Moi que je suis déjà ? (Permettez à votre Moi intérieur de briller.)

Je vous invite à revenir à l'affirmation à la fin de votre journée. Qu'avez-vous observé concernant l'affirmation d'aujourd'hui ?

Jour 12

Maintenant, prenez le temps de lire et de la répéter jusqu'à ce que vous vous sentiez bien et en accord. Vous faites ceci pour personne d'autre que vous-même, alors prenez le temps et appréciez de croire en votre magnifique pouvoir intérieur.

Quelle a été ma première réaction, mes premières pensées provenant de mon égo quand je l'ai lu ? (Soyez conscient de votre cheminement.)

Comment vais-je me rappeler aujourd'hui... que je suis un être positif qui expérimente la vie et tout ce que je peux faire et être, et quand je ne le suis pas, je suis sous l'influence de mon égo ? (Soyez conscient et faites confiance.)

Puis-je m'engager à être fier/fière de moi peu importe le résultat, simplement parce que je suis conscient(e) de mon propre cheminement et du beau Moi que je suis déjà ? (Permettez à votre Moi intérieur de briller.)

Je vous invite à revenir à l'affirmation à la fin de votre journée. Qu'avez-vous observé concernant l'affirmation d'aujourd'hui ?

Jour 13

Mon Moi intérieur est optimiste. C'est mon égo qui me fait croire l'inverse. Je SUIS optimiste, je le suis.

Maintenant, prenez le temps de lire et de la répéter jusqu'à ce que vous vous sentiez bien et en accord. Vous faites ceci pour personne d'autre que vous-même, alors prenez le temps et appréciez de croire en votre magnifique pouvoir intérieur.

Quelle a été ma première réaction, mes premières pensées provenant de mon égo quand je l'ai lu ? (Soyez conscient de votre cheminement.)

Comment vais-je me rappeler aujourd'hui... que je peux voir le côté positif de tout, et que c'est moi qui crée les histoires dans mon espace mental ? Je peux imaginer = image in... (in est le mot anglais pour dedans ou intérieur) **ce que je choisis. Je nourris l'histoire que je choisis de nourrir.** (Soyez conscient et faites confiance.)

Puis-je m'engager à être fier/fière de moi peu importe le résultat, simplement parce que je suis conscient(e) de mon propre cheminement et du beau Moi que je suis déjà ? (Permettez à votre Moi intérieur de briller.)

Je vous invite à revenir à l'affirmation à la fin de votre journée. Qu'avez-vous observé concernant l'affirmation d'aujourd'hui ?

Jour 14

Maintenant, prenez le temps de lire et de la répéter jusqu'à ce que vous vous sentiez bien et en accord. Vous faites ceci pour personne d'autre que vous-même, alors prenez le temps et appréciez de croire en votre magnifique pouvoir intérieur.

Quelle a été ma première réaction, mes premières pensées provenant de mon égo quand je l'ai lu ? (Soyez conscient de votre cheminement.)

Comment vais-je me rappeler aujourd'hui... que je peux être Âmement satisfait(e) et non égo-satisfait(e) ? Seul l'égo est conditionnellement satisfait. (Soyez conscient et faites confiance.)

Puis-je m'engager à être fier/fière de moi peu importe le résultat, simplement parce que je suis conscient(e) de mon propre cheminement et du beau Moi que je suis déjà ? (Permettez à votre Moi intérieur de briller.)

Je vous invite à revenir à l'affirmation à la fin de votre journée. Qu'avez-vous observé concernant l'affirmation d'aujourd'hui ?

Jour 15

> Mon Moi intérieur est reconnaissant. C'est mon égo qui me fait croire l'inverse. Je SUIS reconnaissant(e), je le suis.

Maintenant, prenez le temps de lire et de la répéter jusqu'à ce que vous vous sentiez bien et en accord. Vous faites ceci pour personne d'autre que vous-même, alors prenez le temps et appréciez de croire en votre magnifique pouvoir intérieur.

Quelle a été ma première réaction, mes premières pensées provenant de mon égo quand je l'ai lu ? (Soyez conscient de votre cheminement.)

Comment vais-je me rappeler aujourd'hui... que je peux être reconnaissant(e) pour beaucoup de choses, même pour la négativité permettant un acte de foi ou des actions inspirées ou d'utiliser mon courage intérieur ? (Soyez conscient et faites confiance.)

Puis-je m'engager à être fier/fière de moi peu importe le résultat, simplement parce que je suis conscient(e) de mon propre cheminement et du beau Moi que je suis déjà ? (Permettez à votre Moi intérieur de briller.)

Je vous invite à revenir à l'affirmation à la fin de votre journée. Qu'avez-vous observé concernant l'affirmation d'aujourd'hui ?

Jour 16

Mon Moi intérieur est l'essence de qui je suis. Mon égo est mon allié pour m'aider à m'améliorer et grandir.

Maintenant, prenez le temps de lire et de la répéter jusqu'à ce que vous vous sentiez bien et en accord. Vous faites ceci pour personne d'autre que vous-même, alors prenez le temps et appréciez de croire en votre magnifique pouvoir intérieur.

Quelle a été ma première réaction, mes premières pensées provenant de mon égo quand je l'ai lu ? (Soyez conscient de votre cheminement.)

Comment vais-je me rappeler aujourd'hui... que dans mon cœur, je sais exactement qui je suis et à quel point je suis merveilleux(se) et parfait(e). Mon essence est purement divine. Je SUIS, ce que, je suis. Je vis tout ce que je peux être et devenir. J'apprends et je me développe à travers mes expériences de vie et mes expressions. Mon égo est mon allié me montrant ce qui est désaligné d'avec mon Vrai Moi lorsque je suis désaligné(e) d'avec mon Vrai Moi et mon essence, à travers des émotions négatives, des sentiments négatifs et des perceptions négatives. (Soyez conscient et faites confiance.)

Puis-je m'engager à être fier/fière de moi peu importe le résultat, simplement parce que je suis conscient(e) de mon propre cheminement et du beau Moi que je suis déjà ? (Permettez à votre Moi intérieur de briller.)

Je vous invite à revenir à l'affirmation à la fin de votre journée. Qu'avez-vous observé concernant l'affirmation d'aujourd'hui ?

Jour 17

> Je suis en paix avec ma vie. C'est uniquement mon égo qui me fait croire qu'elle devrait être meilleure.

Maintenant, prenez le temps de lire et de la répéter jusqu'à ce que vous vous sentiez bien et en accord. Vous faites ceci pour personne d'autre que vous-même, alors prenez le temps et appréciez de croire en votre magnifique pouvoir intérieur.

Quelle a été ma première réaction, mes premières pensées provenant de mon égo quand je l'ai lu ? (Soyez conscient de votre cheminement.)

Comment vais-je me rappeler aujourd'hui... qu'où je suis aujourd'hui... je l'ai désiré à un moment donné, et c'est parfois déguisé dans les détails que j'ai oubliés, que j'ai un jour demandé ? Peut-être ai-je pensé à un comment différent, un comment provenant de mon égo. Seul mon égo peut me faire croire que ma vie « devrait » être meilleure ne me permettant pas d'être en paix avec ma vie dans son moment présent.

Je suis sur un cheminement personnel et je n'arriverai jamais à la destination de mon égo parce que l'égo est jamais content ni satisfait. Je suis au bon endroit au bon moment quelque part sur mon cycle d'évolution de ce qui est.

Quand ce n'est pas satisfaisant de quelque manière que ce soit, cela sert simplement de tremplin pour sortir de ma zone d'égo-confort, (en faisant confiance à mes ailes intérieures) pour que je sois toujours au bon endroit au bon moment... parfois, certaines composantes doivent être prêtes pour moi avant mon arrivée. Comment vais-je me rappeler aujourd'hui que je peux être en paix avec ma vie ? (Soyez conscient et faites confiance.)

Puis-je m'engager à être fier/fière de moi peu importe le résultat, simplement parce que je suis conscient(e) de mon propre cheminement et du beau Moi que je suis déjà ? (Permettez à votre Moi intérieur de briller.)

Je vous invite à revenir à l'affirmation à la fin de votre journée. Qu'avez-vous observé concernant l'affirmation d'aujourd'hui ?

Inspirez, laissez aller les pensées et vision
provenant de votre égo,
voyez avec votre âme,
et **Aimez**.

Jour 18

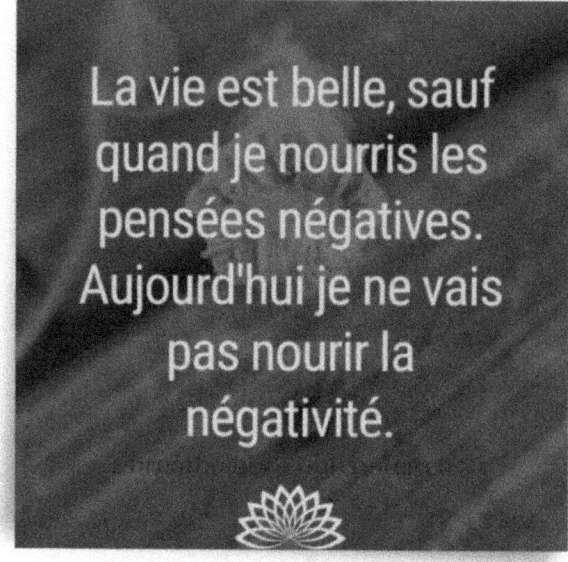

    Maintenant, prenez le temps de lire et de la répéter jusqu'à ce que vous vous sentiez bien et en accord. Vous faites ceci pour personne d'autre que vous-même, alors prenez le temps et appréciez de croire en votre magnifique pouvoir intérieur.

    Quelle a été ma première réaction, mes premières pensées provenant de mon égo quand je l'ai lu ? (Soyez conscient de votre cheminement.)

Comment vais-je me rappeler aujourd'hui... pour ne pas nourrir les pensées négatives, aussi tentant et facile que cela puisse être parfois ?

C'est mon choix de nourrir l'histoire que je veux nourrir dans mon esprit, dans mon espace mental. C'est mon choix de nourrir la négativité permettant à l'histoire négative de grossir et grossir comme une boule de neige. C'est aussi mon choix de faire autre chose pour que mon esprit soit occupé avec autre chose, même s'il ne s'agit que de me laver les mains.

Je peux voir que la vie est belle si je choisis de voir qu'elle l'est. (Soyez conscient et faites confiance.)

Puis-je m'engager à être fier/fière de moi peu importe le résultat, simplement parce que je suis conscient(e) de mon propre cheminement et du beau Moi que je suis déjà ? (Permettez à votre Moi intérieur de briller.)

Je vous invite à revenir à l'affirmation à la fin de votre journée. Qu'avez-vous observé concernant l'affirmation d'aujourd'hui ?

Jour 19

> Ce que je n'aime pas me fait voir ce que j'aime. L'Univers me montre ce que je peux accéder. C'est mon droit de naissance.

Maintenant, prenez le temps de lire et de la répéter jusqu'à ce que vous vous sentiez bien et en accord. Vous faites ceci pour personne d'autre que vous-même, alors prenez le temps et appréciez de croire en votre magnifique pouvoir intérieur.

Quelle a été ma première réaction, mes premières pensées provenant de mon égo quand je l'ai lu ? (Soyez conscient de votre cheminement.)

Comment vais-je me rappeler aujourd'hui... de voir l'autre côté de ce que je n'aime pas... pour nommer et revendiquer ce que j'aime à la place qui vient de mon cœur ?

C'est souvent en sachant ce que je ne veux pas que je peux clarifier ce que je veux, et l'Univers m'aide à le voir à partir de mon cœur.

Comment vais-je me rappeler aujourd'hui de me concentrer joyeusement sur ce que je veux et ne pas laisser d'espace mental ni de cœur à ce que je ne veux pas ? (Soyez conscient et faites confiance.)

Puis-je m'engager à être fier/fière de moi peu importe le résultat, simplement parce que je suis conscient(e) de mon propre cheminement et du beau Moi que je suis déjà ? (Permettez à votre Moi intérieur de briller.)

Je vous invite à revenir à l'affirmation à la fin de votre journée. Qu'avez-vous observé concernant l'affirmation d'aujourd'hui ?

Jour 20

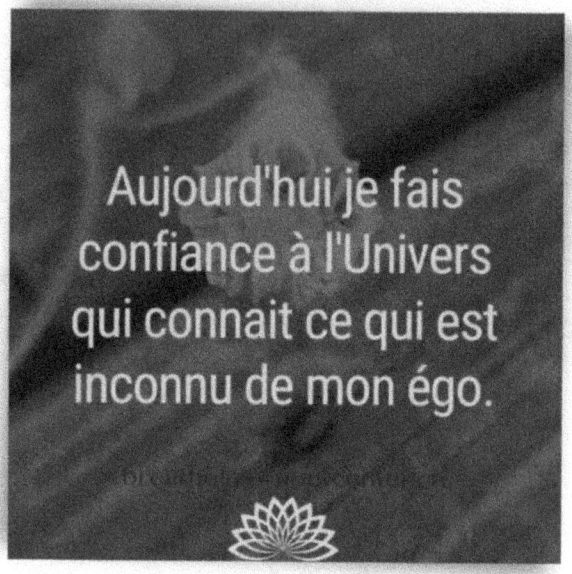

Maintenant, prenez le temps de lire et de la répéter jusqu'à ce que vous vous sentiez bien et en accord. Vous faites ceci pour personne d'autre que vous-même, alors prenez le temps et appréciez de croire en votre magnifique pouvoir intérieur.

Quelle a été ma première réaction, mes premières pensées provenant de mon égo quand je l'ai lu ? (Soyez conscient de votre cheminement.)

Comment vais-je me rappeler aujourd'hui... de me rappeler que l'inconnu n'est inconnu que pour mon égo qui ne peut accéder au non-visible mais seulement aux données actives de ma base de données, mon subconscient (mon passé et mes croyances non changées) ? La confiance ou la foi, c'est faire confiance à mon intuition, à mes inspirations et à mes actions inspirées même si je ne vois pas encore la prochaine étape qui pourrait ne se dévoiler qu'une fois que j'y serai. (Soyez conscient et faites confiance.)

Puis-je m'engager à être fier/fière de moi peu importe le résultat, simplement parce que je suis conscient(e) de mon propre cheminement et du beau Moi que je suis déjà ? (Permettez à votre Moi intérieur de briller.)

Je vous invite à revenir à l'affirmation à la fin de votre journée. Qu'avez-vous observé concernant l'affirmation d'aujourd'hui ?

Jour 21

Maintenant, prenez le temps de lire et de la répéter jusqu'à ce que vous vous sentiez bien et en accord. Vous faites ceci pour personne d'autre que vous-même, alors prenez le temps et appréciez de croire en votre magnifique pouvoir intérieur.

Quelle a été ma première réaction, mes premières pensées provenant de mon égo quand je l'ai lu ? (Soyez conscient de votre cheminement.)

Comment vais-je me rappeler aujourd'hui... que tout ce qu'il y a... est ce dont j'ai besoin maintenant ? Et oui, je peux désirer plus, mais tout ce dont j'ai besoin pour quelque raison que ce soit est déjà dans mon maintenant et c'est à moi de le voir sans ma perception provenant de mon égo.

Seul mon égo me fera croire qu'il me manque quelque chose ou quelqu'un de différent afin de m'améliorer tout au long de mon cheminement. Mon Moi intérieur peut me guider.
(Soyez conscient et faites confiance.)

Puis-je m'engager à être fier/fière de moi peu importe le résultat, simplement parce que je suis conscient(e) de mon propre cheminement et du beau Moi que je suis déjà ? (Permettez à votre Moi intérieur de briller.)

Je vous invite à revenir à l'affirmation à la fin de votre journée. Qu'avez-vous observé concernant l'affirmation d'aujourd'hui ?

Jour 22

Maintenant, prenez le temps de lire et de la répéter jusqu'à ce que vous vous sentiez bien et en accord. Vous faites ceci pour personne d'autre que vous-même, alors prenez le temps et appréciez de croire en votre magnifique pouvoir intérieur.

Quelle a été ma première réaction, mes premières pensées provenant de mon égo quand je l'ai lu ? (Soyez conscient de votre cheminement.)

Comment vais-je me rappeler aujourd'hui... que j'ai pleinement le droit de demander à l'Univers (ou à Dieu, ou à la Source ou à l'Intelligence Infinie, quel que soit le nom avec lequel vous vous sentez à l'aise) ? L'Univers est toujours prêt pour moi, pour mes demandes peu importe la quantité... *celles qui viennent de mon cœur et non celles de mon égo* **(ce qui explique souvent pourquoi les gens arrêtent de croire que leurs demandes sont entendues parce que celles de l'égo ne sont pas de vraies demandes ni désirs).** (Soyez conscient et faites confiance.)

Puis-je m'engager à être fier/fière de moi peu importe le résultat, simplement parce que je suis conscient(e) de mon propre cheminement et du beau Moi que je suis déjà ? (Permettez à votre Moi intérieur de briller.)

Je vous invite à revenir à l'affirmation à la fin de votre journée. Qu'avez-vous observé concernant l'affirmation d'aujourd'hui ?

Jour 23

> La Source est toujours prête pour moi. La source créative de l'Univers est ma source principale et première.

Maintenant, prenez le temps de lire et de la répéter jusqu'à ce que vous vous sentiez bien et en accord. Vous faites ceci pour personne d'autre que vous-même, alors prenez le temps et appréciez de croire en votre magnifique pouvoir intérieur.

Quelle a été ma première réaction, mes premières pensées provenant de mon égo quand je l'ai lu ? (Soyez conscient de votre cheminement.)

Comment vais-je me rappeler aujourd'hui... que la Source de l'Univers est ma principale source d'approvisionnement ? Mon égo peut me montrer des voies à travers des pensées et des idées me faisant penser que je dois trouver des moyens d'obtenir ceci ou cela « par moi-même », mais ma principale source d'approvisionnement peut être atteinte de l'intérieur de moi-même et contient un approvisionnement infini et des moyens que mon égo ne peut pas voir (encore). (Soyez conscient et faites confiance.)

Puis-je m'engager à être fier/fière de moi peu importe le résultat, simplement parce que je suis conscient(e) de mon propre cheminement et du beau Moi que je suis déjà ? (Permettez à votre Moi intérieur de briller.)

Je vous invite à revenir à l'affirmation à la fin de votre journée. Qu'avez-vous observé concernant l'affirmation d'aujourd'hui ?

Jour 24

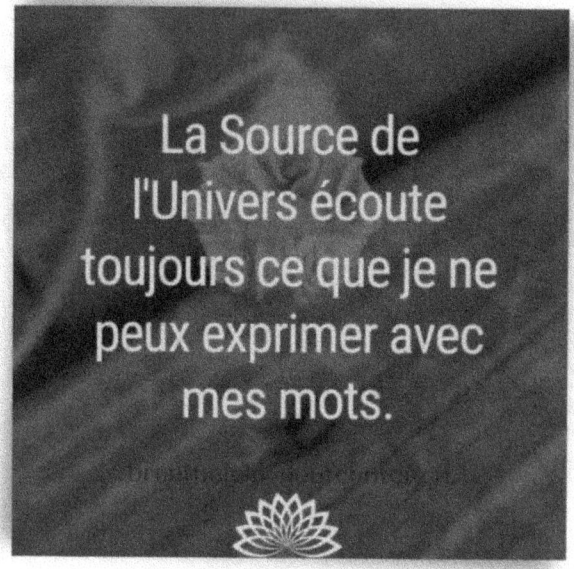

Maintenant, prenez le temps de lire et de la répéter jusqu'à ce que vous vous sentiez bien et en accord. Vous faites ceci pour personne d'autre que vous-même, alors prenez le temps et appréciez de croire en votre magnifique pouvoir intérieur.

Quelle a été ma première réaction, mes premières pensées provenant de mon égo quand je l'ai lu ? (Soyez conscient de votre cheminement.)

Comment vais-je me rappeler aujourd'hui... que la Source (ou Dieu ou l'Intelligence Infinie selon ce que vous préférez et avec lequel vous vous sentez à l'aise) écoute et écoutera toujours... même et surtout quand je n'utilise pas de mots. Mes larmes, mes soupirs, mes sentiments les plus profonds et les désirs de mon cœur sont tous entendus. La Source comprend tout ce que je ne peux pas exprimer. (Soyez conscient et faites confiance.)

Puis-je m'engager à être fier/fière de moi peu importe le résultat, simplement parce que je suis conscient(e) de mon propre cheminement et du beau Moi que je suis déjà ? (Permettez à votre Moi intérieur de briller.)

Je vous invite à revenir à l'affirmation à la fin de votre journée. Qu'avez-vous observé concernant l'affirmation d'aujourd'hui ?

Jour 25

Maintenant, prenez le temps de lire et de la répéter jusqu'à ce que vous vous sentiez bien et en accord. Vous faites ceci pour personne d'autre que vous-même, alors prenez le temps et appréciez de croire en votre magnifique pouvoir intérieur.

Quelle a été ma première réaction, mes premières pensées provenant de mon égo quand je l'ai lu ? (Soyez conscient de votre cheminement.)

Comment vais-je me rappeler aujourd'hui... que mon égo pourrait me faire sentir que je suis seul(e) face à la vie et aux situations, alors que je ne le suis pas ? Je suis entièrement soutenu(e) et mon égo préfère me montrer le « soutien que je n'ai pas » au lieu de celui que j'ai, y compris celui de mon puissant Moi Intérieur. (Soyez conscient et faites confiance.)

Puis-je m'engager à être fier/fière de moi peu importe le résultat, simplement parce que je suis conscient(e) de mon propre cheminement et du beau Moi que je suis déjà ? (Permettez à votre Moi intérieur de briller.)

Je vous invite à revenir à l'affirmation à la fin de votre journée. Qu'avez-vous observé concernant l'affirmation d'aujourd'hui ?

Jour 26

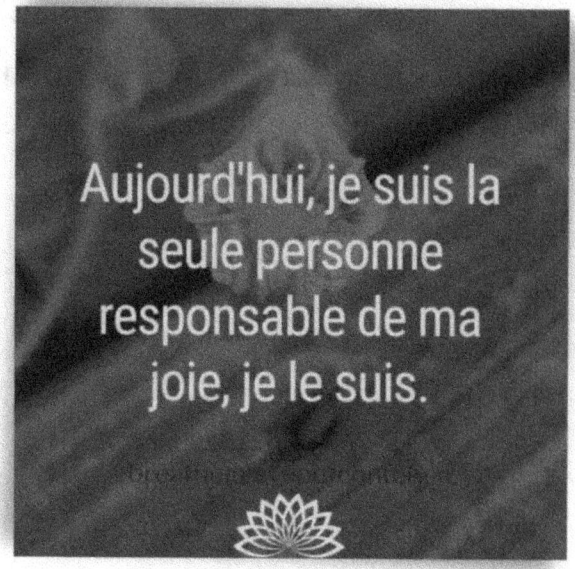

Maintenant, prenez le temps de lire et de la répéter jusqu'à ce que vous vous sentiez bien et en accord. Vous faites ceci pour personne d'autre que vous-même, alors prenez le temps et appréciez de croire en votre magnifique pouvoir intérieur.

Quelle a été ma première réaction, mes premières pensées provenant de mon égo quand je l'ai lu ? (Soyez conscient de votre cheminement.)

Comment vais-je me rappeler aujourd'hui... que ma joie n'est pas conditionnelle ? Personne n'est responsable de ma joie. Je suis responsable de ce que je vois et de la façon dont je choisis de voir, de réagir, de ressentir et d'être. Seul mon égo rend la joie conditionnelle aux manifestations extérieures. J'ai cette puissance en Moi ! (Soyez conscient et faites confiance.)

Puis-je m'engager à être fier/fière de moi peu importe le résultat, simplement parce que je suis conscient(e) de mon propre cheminement et du beau Moi que je suis déjà ? (Permettez à votre Moi intérieur de briller.)

Je vous invite à revenir à l'affirmation à la fin de votre journée. Qu'avez-vous observé concernant l'affirmation d'aujourd'hui ?

Jour 27

Maintenant, prenez le temps de lire et de la répéter jusqu'à ce que vous vous sentiez bien et en accord. Vous faites ceci pour personne d'autre que vous-même, alors prenez le temps et appréciez de croire en votre magnifique pouvoir intérieur.

Quelle a été ma première réaction, mes premières pensées provenant de mon égo quand je l'ai lu ? (Soyez conscient de votre cheminement.)

Comment vais-je me rappeler aujourd'hui... de permettre à l'amour d'être amour sans mes égo-définitions ni les attentes que j'ai déjà sur ce qu'est l'amour et sur ce qui ne l'est pas ? L'amour est gentil. L'amour n'a pas d'attentes. L'amour est simple. L'amour est partout et dans tout et tout le monde; et c'est ma tâche de le voir au-delà des limites de mon égo. Je reçois plus d'amour que mon égo me le fait voir. (Soyez conscient et faites confiance.)

Puis-je m'engager à être fier/fière de moi peu importe le résultat, simplement parce que je suis conscient(e) de mon propre cheminement et du beau Moi que je suis déjà ? (Permettez à votre Moi intérieur de briller.)

Je vous invite à revenir à l'affirmation à la fin de votre journée. Qu'avez-vous observé concernant l'affirmation d'aujourd'hui ?

Jour 28

Maintenant, prenez le temps de lire et de la répéter jusqu'à ce que vous vous sentiez bien et en accord. Vous faites ceci pour personne d'autre que vous-même, alors prenez le temps et appréciez de croire en votre magnifique pouvoir intérieur.

Quelle a été ma première réaction, mes premières pensées provenant de mon égo quand je l'ai lu ? (Soyez conscient de votre cheminement.)

Comment vais-je me rappeler aujourd'hui... de voir la joie à travers les yeux d'un enfant ? Elle est présente partout et je peux ajuster mon focus pour la voir. (Soyez conscient et faites confiance.)

Puis-je m'engager à être fier/fière de moi peu importe le résultat, simplement parce que je suis conscient(e) de mon propre cheminement et du beau Moi que je suis déjà ? (Permettez à votre Moi intérieur de briller.)

Je vous invite à revenir à l'affirmation à la fin de votre journée. Qu'avez-vous observé concernant l'affirmation d'aujourd'hui ?

Jour 29

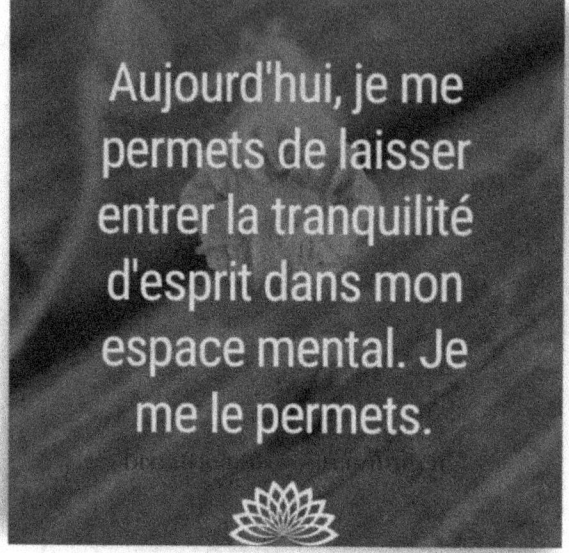

Maintenant, prenez le temps de lire et de la répéter jusqu'à ce que vous vous sentiez bien et en accord. Vous faites ceci pour personne d'autre que vous-même, alors prenez le temps et appréciez de croire en votre magnifique pouvoir intérieur.

Quelle a été ma première réaction, mes premières pensées provenant de mon égo quand je l'ai lu ? (Soyez conscient de votre cheminement.)

Comment vais-je me rappeler aujourd'hui... d'arrêter de nourrir le négatif; d'inspirer, d'aimer et de sourire davantage, et de permettre à la tranquillité d'esprit d'être ? (Soyez conscient et faites confiance.)

Puis-je m'engager à être fier/fière de moi peu importe le résultat, simplement parce que je suis conscient(e) de mon propre cheminement et du beau Moi que je suis déjà ? (Permettez à votre Moi intérieur de briller.)

Je vous invite à revenir à l'affirmation à la fin de votre journée. Qu'avez-vous observé concernant l'affirmation d'aujourd'hui ?

Jour 30

> Aujourd'hui, je me permets de laisser entrer la paix du coeur dans mon espace mental. Je me le permets.

Maintenant, prenez le temps de lire et de la répéter jusqu'à ce que vous vous sentiez bien et en accord. Vous faites ceci pour personne d'autre que vous-même, alors prenez le temps et appréciez de croire en votre magnifique pouvoir intérieur.

Quelle a été ma première réaction, mes premières pensées provenant de mon égo quand je l'ai lu ? (Soyez conscient de votre cheminement.)

Comment vais-je me rappeler aujourd'hui... d'arrêter de juger les situations et les gens y compris moi-même ? Seul mon égo me fait croire avec des *aurait dû être/faire, doit être/faire, devrait être/faire* différemment de ce que c'était et est et sera.

Comment vais-je me rappeler aujourd'hui de voir qu'aujourd'hui est, et demain deviendra le nouveau « aujourd'hui est » à son tour ?

La paix du cœur crée la paix de l'esprit. Je suis assez puissant(e) pour créer ma propre paix du cœur. (Soyez conscient et faites confiance.)

Puis-je m'engager à être fier/fière de moi peu importe le résultat, simplement parce que je suis conscient(e) de mon propre cheminement et du beau Moi que je suis déjà ? (Permettez à votre Moi intérieur de briller.)

Je vous invite à revenir à l'affirmation à la fin de votre journée. Qu'avez-vous observé concernant l'affirmation d'aujourd'hui ?

Jour 31

Maintenant, prenez le temps de lire et de la répéter jusqu'à ce que vous vous sentiez bien et en accord. Vous faites ceci pour personne d'autre que vous-même, alors prenez le temps et appréciez de croire en votre magnifique pouvoir intérieur.

Quelle a été ma première réaction, mes premières pensées provenant de mon égo quand je l'ai lu ? (Soyez conscient de votre cheminement.)

Comment vais-je me rappeler aujourd'hui que mon Moi Intérieur c'est moi, mon Vrai Moi de pure positivité, et que je vie et apprécie ce merveilleux cheminement de tout ce que je peux être et devenir ? Je suis un être spirituel et un être physique. Je suis un être spirituel qui expérimente la vie à travers mon être physique et non l'inverse. C'est ma tâche de permettre à mon Moi Intérieur de briller. (Soyez conscient et faites confiance.)

Puis-je m'engager à être fier/fière de moi peu importe le résultat, simplement parce que je suis conscient(e) de mon propre cheminement et du beau Moi que je suis déjà ? (Permettez à votre Moi intérieur de briller.)

Je vous invite à revenir à l'affirmation à la fin de votre journée. Qu'avez-vous observé concernant l'affirmation d'aujourd'hui ?

Savez-vous ce que vous venez de terminer ?

Vous venez de vous donner des nouvelles croyances pour écrire votre histoire, celle que vous voulez écrire.

Vous venez de prendre le temps de **mieux comprendre quand votre égo est en action** dans votre espace mental.

Vous avez fait un merveilleux cheminement de pleine conscience, ou même d'éveil spirituel peu importe le cheminement que vous avez suivi. Félicitations pour avoir effectué ce travail d'approfondissement de votre conscience, de votre merveilleux pouvoir infini que vous avez déjà en vous. Vous déclarez déjà les changements que vous souhaitez expérimenter sans efforts.

Le but était d'apprendre à mieux vous connecter à votre Moi sans déclencher votre égo pour accepter de nouveaux concepts sur vous-même, sur votre Moi. Et ce n'est que le début d'une magnifique aventure.

Bien que je sois experte en la matière, je dois encore me rappeler de cette source divine infinie d'approvisionnement et de cette puissance divine infinie qui est aussi la mienne, parce que je suis un être spirituel qui expérimente la vie faisant croître mon Moi et faisait croître l'Univers en cocréant tout ce qui existe.

Sur tout cheminement de vie, l'égo faisant partie de notre tout interfère ici et là, donc c'est à nous de prendre le temps… de prendre le temps de nous rappeler qui nous sommes vraiment, notre Moi authentique.

J'ai décidé de publier une édition révisée parce qu'en travaillant sur un autre livre, je me suis aperçue que certains passages pouvaient ajouter beaucoup de valeur ici. Certaines choses ont été ajoutées ici et là au tout début et j'aimerais maintenant partager avec vous quelque chose qui pourrait vous aider à encore plus approfondir le concept de l'entièreté de la personne magnifique que vous êtes.

*La vie est simple,
c'est l'égo qui la complique.*

~~je, me, moi~~ Je, me, Moi

Tout au long de notre vie, on se transforme, sans nécessairement en prendre conscience pendant qu'on le fait. On se transforme par défaut. C'est ce que vous faites ici.

Puis, vient un jour où l'on prend pleinement conscience que non seulement on se transforme, mais on peut s'aider à créer sa réalité. On peut être cocréateur de notre vie et de notre demain. On a notre mot à dire. Après tout, c'est notre vie ! C'est souvent cette portion de la cocréation qui nécessite un peu d'aide et de guidance, ou beaucoup de clarté au risque de créer à partir de ses égo-désirs.

Comme une chenille qui devient un papillon, on sent et ressent un changement en cours ou un besoin de changement parce que l'on comprend que ce que l'on était jusqu'à maintenant a fait son temps. On ne sait pas toujours pourquoi, mais on sait qu'une énergie de changement nous habite.

On comprend qu'on se transforme, qu'on change, qu'on évolue. On fait des choix qui sont parfois conscients et peut-être de moins en moins souvent inconscients. On fait des choix parfois qui ne donnent pas les résultats que l'on croyait expérimenter tout simplement parce que ces choix étaient suggérés par notre égo.

Peu importe si nos choix viennent de notre égo ou de notre Moi intérieur (ou Moi Supérieur), on sait qu'on se transforme. Bien que l'on sache que l'on vit un changement, et que l'on sache que nous ne sommes plus la personne que nous étions avant, on ne comprend rien en même temps parce que rien ne va plus. On a perdu nos points de repère.

Nous ressentons que notre vieux moi est en train de mourir, mais on ne sait pas encore ce qu'on va devenir. On ne sait pas qu'on s'ouvre à notre Moi, avec un M majuscule. On ne sait pas qu'on est en train de petit à petit laisser de côté notre égo-identité, je suis, et que l'on s'ouvre à notre Moi intérieur, **J**e suis, amenant des perceptions différentes sur tout ce qui nous entoure et ce que l'on vit. On commence à voir de son Moi intérieur. Ce qui semblait vrai est faux, et ce qui semblait faux peut être encore faux. Que reste-t-il ? Ce qui était connu ne l'est plus et l'égo n'a pas accès à l'inconnu. Et ici, la peur peut nous habiter. La peur du changement. L'égo utilise l'incertitude pour générer une émotion de peur.

On peut ressentir qu'on prend un chemin inconnu, parsemés d'inconnus. Et l'égo n'aime pas l'inconnu, parce que l'égo ne peut pas voir l'inconnu et n'a pas accès à l'inconnu, uniquement à la base de données avec les données déjà enregistrées d'expériences passées et d'émotions passées. Tout simplement. L'égo ne peut pas puiser ses nouvelles informations dans notre banque de données personnelle, notre subconscient, parce que nous sommes en train de les créer avec notre Moi intérieur. L'égo n'existe que dans son monde d'illusions. L'égo-identité est en train de changer.

Sur ce chemin parsemé d'inconnus, on a des nouvelles valeurs, des nouvelles croyances, des nouvelles compétences et des nouvelles connaissances, mais on ne sait même pas s'en servir ni peut-être à quoi certaines vont servir. On ne voit pas demain de la même façon parce que nous le créons maintenant avec des données connues et des données inconnues de notre égo et de son système de pensée, et un peu moins par défaut. Nos anciens paramètres ne sont plus exacts.

Il peut y avoir une très grande confusion dans notre espace mental. On ne peut plus se battre pour retourner à ce que l'on était avant. L'appel de l'évolution est plus grand et plus fort que le passé. La sécurité de savoir qui on était et de simplement suivre des anciens patterns nous gardant dans une zone d'égo-confort est aussi très présente, mais rien ne va plus.

On peut même avoir peur de mourir. L'égo qui ne veut pas perdre son contrôle associe avoir moins de contrôle à sa destruction. Et, comme on s'est associé pendant peut-être toute notre vie à croire qu'on est notre égo, cette peur semble réelle. On peut aussi se battre mentalement pour ne pas changer parce que l'égo croit que sa fin est proche.

Et l'égo appartient au corps physique donc il émet une fausse croyance que c'est peut-être le temps de mettre un terme à sa vie ou encore que sa fin approche. La seule fin qui est proche est la fin du contrôle de l'égo qui devra prendre sa place sur le siège du passager.

Puis, on s'en remet à une évidence. Celle dont on sait qu'on ne pourra plus jamais reculer. On évolue. On accepte notre évolution. La vie avance. Donc on abdique. On abandonne le combat du non-changement. On s'abandonne à plus grand que soi, à la nouveauté et à ce que l'on est en train de devenir. On peut penser qu'on tombe, mais on ne tombe pas, on tombe tout simplement à l'intérieur de soi. On se rapproche du Soi ou du Moi intérieur qui sait exactement que la vie est belle et positive.

La chenille est en train de devenir un papillon. Le désir de libération est plus grand que le petit moi qui essai de retenir le changement.

Quand une chenille devient un papillon, son état d'être se défait, devient gluant et difforme parce qu'elle n'est plus ce qu'elle était et elle n'est pas encore tout à fait ce qu'elle deviendra. Elle se métamorphose.

Il se passe un peu la même chose avec notre état d'être pendant quelque temps. Il y a comme une *difformation* de notre système de pensées. Comme un mauvais amalgame de deux systèmes de pensées opposés. Cette transformation ne nous amènera pas à changer de système de pensées du tout au tout, mais elle nous permettra de comprendre ce que l'on était et ce que l'on est maintenant, et d'accepter notre plein potentiel de devenir encore plus en arrêtant de croire que notre égo c'est qui nous sommes avec ses idées limitantes.

Après avoir accepté le changement et l'évolution de notre état d'être intérieur, on commence à avoir hâte de voir ce que l'on va devenir. On commence à apprécier nos nouvelles couleurs et nos nouvelles habiletés qu'on n'a pas encore essayées, mais on peut comprendre, on sait, que ça sera génial.

Sur notre cheminement évolutif, on ouvre nos ailes et voit notre vie d'un nouvel angle. On voit le monde d'un nouvel angle avec de nouvelles perceptions. Notre égo-identité a changé. Bien que ce soit souvent des égo-perceptions, on peut parfois voir avec une vue d'ensemble, et souvent, tous les morceaux qui s'assemblent et prennent forme font du sens parce qu'on ne les voit plus séparément, mais on voit que tout fait un tout. On voit que ce tout est parfait. On comprend que chaque chose avait sa place et raison d'être, incluant notre égo, incluant toutes nos expériences parce que chaque chose est une pièce d'un tout et nous sommes ce tout. On comprend le *Je suis* même si certaines choses nécessiteront un peu plus de clarification.

Nous sommes habitués de voir le corps physique grandir et évoluer en âge de la naissance à la mort physique, mais nous sommes moins habitués à voir l'évolution de notre cheminement intérieur. C'est ce qu'on appelle un éveil de conscience, quand on prend conscience que l'on est beaucoup plus que le corps physique et le cerveau que l'on croit connaître. En fait, on ne fait que se rappeler qui nous sommes, l'essence de notre être qui devait devenir. Plus on évolue, plus ou oublie qui on est pour se rappeler qui on Est.

Nous passons du « je, me, moi » au « Je, me, Moi » à travers une panoplie de guérison d'anciennes croyances, c'est-à-dire en arrêtant de croire en nos anciennes égo-croyances. Mais avant d'arriver à cet éveil de conscience et à cet état d'être plus *profond*, il y a tout un monde à comprendre. Il y a de nouvelles perceptions, de nouvelles définitions, de nouvelles croyances à intégrer pour faire passer l'égo sur le siège du passager, qui est une étape naturelle à franchir.

Quand on ouvre nos ailes, on apprend à vivre et à aimer vivre avec nos nouveaux attributs, nos nouvelles habiletés et nos nouvelles perceptions. Il y a tout un nouveau monde à explorer. Notre réalité a changé. Et mine de rien, notre réalité peut changer de jour en jour parce qu'on passe tout de même d'une égo-identité à une autre.

Parfois, quand on regarde en détail, on peut se remémorer un événement, ou un élément de la vie avant. Si ou quand on oublie ce que l'on est devenu parce que l'on choisit de visiter un détail plus longtemps, on peut même se retrouver à ne plus pouvoir avoir une vue d'ensemble ni voler avec son nouveau moi. Comme si avoir une aile brisée nous faisait croire qu'on ne peut plus voler, ou nous faisait voir uniquement une seule petite portion d'un tout... comme avant de savoir voler.

On peut se retrouver à avancer un petit pas à la fois avec la peur de mourir parce que l'on pense que si on ne peut plus voler avec nos ailes, on va mourir en chemin vers nulle part. L'égo essai de reprendre le contrôle. Et quand les destinations et objectifs de la nouvelle égo-identité pourtant plus belle qu'avant ne sont plus visibles; quand les nouveaux rêves ne semblent plus atteignables, on sait que l'égo a repris le contrôle de l'espace mental.

On peut soit apprendre à se rappeler qui est le nouveau moi et apprécier de vivre dans la portion du tout dans laquelle on est, ou on peut apprendre à voler avec une aile brisée au lieu de jouer les victimes de nouveau, comme quand on se battait contre le changement inévitable croyant aller à notre perte. C'est un choix conscient facile à prendre.

Finalement, on trouve la joie, le bonheur et la gratitude de vivre avec sa nouvelle identité en partageant et cocréant partout où l'on passe. Cette identité reste tout de même une égo-identité, mais l'égo n'est plus en contrôle de l'espace mental. Du moins pas autant. On sait mieux reconnaître l'égo dès qu'il touche le volant pour contrôler le chemin à suivre. On sait où trouver notre force en se connectant à son Moi intérieur. On amène nos couleurs en faisant du bien à tous ceux qui prennent le temps de prendre le temps avec nous. On papillonne. On suit le chemin de la nature.

Lors de la transformation de la chenille en papillon, quand les nouveaux attributs et nouvelles compétences commencent à se faire sentir, l'égo combattra fortement pour ne pas perdre son contrôle avec des fausses croyances telles que papillonner n'est pas productif, ou encore que ces nouvelles couleurs nous rendrons vulnérables aux attaques nous rendant aussi vulnérables aux différentes proies, ou encore de la fragilité de nos ailes *donc il vaudra mieux rester cacher* le plus possible pour éviter d'être blessé.

Ces fausses croyances devront être transmutées pour que le papillon se sente libre et fort à nouveau. Papillonner, c'est suivre le courant de la nature et s'arrêter selon les inspirations pour prendre le temps de prendre le temps, donc ne pas être sous un égo-contrôle. Ces arrêts sont protecteurs. Chaque papillon a les couleurs qui lui permettent d'apporter de la joie sur son passage et le protège des proies qui ne le verront pas. Il est invisible aux attaquants. Bien que ses ailes puissent être fragiles, elles sont fortes et solides et ne l'empêcheront pas d'être un papillon même si elles brisent.

Un papillon n'a pas besoin de toujours voler très haut pour être un papillon.

Tout au long de notre vie, on se transforme. Parfois, on se transforme par défaut, mais on peut aussi le faire avec volonté et pleine conscience. Comment ? En apprenant à se libérer des pensées qui proviennent de notre égo.

C'est ce que vous avez fait ici, apprendre à voir ce qui vient de votre égo et ce qui vient de votre Moi intérieur.

Bonne continuité de transformation !

Dr Nathalie :)

Merci

Merci d'avoir pris le temps pendant 31 jours de soulever des voiles votre égo tout en voyant comment l'égo occupe votre espace mental. Soulever des voiles de son égo c'est prendre conscience d'une pensée de l'égo et de choisir de ne plus la nourrir.

Ceci est pour votre propre bien-être. Vous faites ceci pour personne d'autre que vous-même et oui, vous verrez de beaux effets d'entraînement au fur et à mesure que vous maintiendrez votre pratique en vie.

N'oubliez pas d'**Inspirer**, de laisser aller vos pensées et vision provenant de votre égo, de voir avec votre Âme et d'**Aimer**.

Dr Nathalie

À propos de l'auteure

Dr Nathalie a commencé à pleinement incarner sa mission de vie d'enseignante spirituelle lorsqu'elle a décidé d'auto-publier son premier livre (de pratique) en 2016. Sans expérience professionnelle d'auteure et sans éditeur, elle savait seulement qu'elle devait commencer à incarner sa mission de vie de façon différente. Elle a toujours su qu'écrire était sa passion, et au fil des décennies depuis ses premiers poèmes d'adolescente, les nombreuses idées de sujets qui suivaient son âge et son imagination débordante restaient dans son imagination ou incomplet dans son ordinateur.

Depuis qu'elle a compris clairement sa mission de vie personnelle et a fait le saut sans filet, ou plutôt avec pour seul filet un filet divin afin de l'incarner en s'y alignant, et ce, malgré un plan d'action plus ou moins clair, elle assume pleinement sa passion et son plaisir d'être une auteure de livres de développement personnel et d'éveil spirituel.

C'est grâce à ses épreuves personnelles et leçons de vie personnelles qui lui ont permis de devenir une experte dans l'art de rester soi-même et d'exprimer son plaisir et son Amour inconditionnelle, qu'elle a appris à développer une Attitude de Gratitude inconditionnelle.

Son Attitude de Gratitude inconditionnelle n'aurait pas été possible sans une connexion Intérieure personnelle à travers beaucoup de méditation et de travail Intérieur s'échelonnant sur de nombreuses décennies.

Parce qu'elle aime apprendre et simplifier les choses de façon à ce que l'égo n'interfère pas trop lors de l'apprentissage de concepts différents ou encore quand vient le temps de démystifier cet égo, et parce qu'un de ses rêves est de permettre à qui que ce soit d'avoir accès à de l'information de développement personnel et développement spirituel ou métaphysique, peu importe son budget et sa méthode préférée, elle suit ses inspirations en créant du contenu pour aider les personnes sur leur cheminement de pleine conscience en les amenant de la pleine conscience à l'éveil de conscience, pour ensuite cheminer de leur éveil de conscience à la réalité permettant de continuer d'une attitude de gratitude à l'Unité, à cette interconnectivité et harmonie avec l'Univers et la Source primaire de l'Univers, peu importe le nom que chacun lui donne.

Son enseignement permet de comprendre que tout est une question de comprendre son égo afin de pouvoir soulever les voiles de son égo, de voir avec son âme et de choisir son égo-identité aligné avec ses désirs, et d'avoir une attitude de gratitude inconditionnelle.

Pour en savoir plus sur ses outils et programmes, visitez *nathalieturgeon.com* .

breatheinloveoutcenter.ca

www.ingramcontent.com/pod-product-compliance
Lightning Source LLC
Chambersburg PA
CBHW081122080526
44587CB00021B/3705